DIALOGUE

DU SIEUR GRUET ET L'ENTRETIEN de Madame la Capitation, & la longue conference qu'ils ont eû ensemble estant au Château du Pilory, & la conduite qu'elle l i a faite en le conduisant au Château des Innocens, dit la Tournelle, & la reception que le Normand lui a fait.

M. DCCXVII.

DIALOGUE

DU SIEUR GRUET, ET L'ENTRETIEN de Madame la Capitation, & la longue conference qu'ils ont eû ensemble estant au Château du Pilory, & la conduite qu'elle lui a faite en le conduisant au Château des Innocens, dit la Tournelle, *& la reception que le Normand lui a fait.*

GRUET.

PArbleu Madame je vous rencontre fort à propos dans ce triste spectacle où vous me voyez ; de quel pays venez-vous donc, & pourquoi m'avez-vous abandonné dans le plus fort de mon chagrin & de ma malheureuse destinée.

LA CAPITATION.

Ah mon pauvre Gruet d'où viens-tu toi-même dans l'équipage où je t'ai trouvé il n'y a qu'un instant ; si nous eussions esté dans le tems du Carnaval, je t'aurois pris pour un veritable masque ; tu est donc enfin jugé, puisque je t'ai rencontré au cul d'une charette aller faire ton troisiéme tour au Pilory ; certainement tu estoit bien escorté, & tu n'a rien eû à craindre; je reviens de faire quelques tournées oú quelques contestations au sujet de mon recouvrement, avoient élevées quelques bruits; ce qui embarassoit mes Agens, desquels je suis plus content que de toy, & je les ay engagé à aller avec douceur, & de continuer toûjours à ne point exiger des frais de recouvrement aussi odieux & injustes que ceux que tu extorquois en cette Ville.

GRUET.

Voús me tenez toûjours Madame pour suspect, ne m'en avez-vous pas assez dit lors de la derniere conversation que nous eûmes ensemble il y a sept semaines.

LA CAPITATION.

Tu as raison, tréve là-dessus, j'ai précipité mon retour, la renommée m'ayant anoncé à 20 lieuës au tour de Paris que tu avoit esté jugé le sept du mois de Decembre, aprés six mois complets de ton emprisonnement je n'arrivai en cette Ville que le mercredy neuf au soir, incertaine des circonstances de ton jugement, le Public en parlât encore plus incertainement, ce jour là tu fis à l'heure de midy une venue des plus pieuses & qui te seroit des plus meritoires par le repentir & le parçon que tu a dû faire de tes crimes, si elle n'avoit pas esté forcée, mais comme tu en sçait mieux les particularitées, aussi-bien que de la suite de ton expiration, & que j'ai dessein de te consoler dans ton desastre, je te prie de me faire un recit naturel; je dis naturel parce qu'il n'est plus le tems de deguiser la verité qui a triomphé des voiles mal mis dont tu t'estoit servi pour autoriser tes mensonges & tes injustices, il n'y avoit qu'à te croire, & n'as tu pas toûjours dit & repeté inutilument que tu n'avois rien fait sans ordre; ne sçais-tu pas par l'experience que tu as acquis pendant 25 années de pratique, & principalement dans un poste où tu as toy même conduit tant de criminels au supplice, qu'en matiere criminelle tous delits sont personnels, & qu'il n'y a jamais de garantie à exercer, je te prie donc de m'expliquer les scenes que tu as eû lors de ton jugement, & pour l'execution d'icelui.

GRUET.

Vous pourriez bien me dispenser, Madame, de vous rappeller cette destinée de mon malheureux sort, mais puisque j'ay esté vostre sujet, & que je me trouve l'esclave de la Justice, le recit de mes malheurs à l'exemple de ces hommes heroïques, qui ont bravé le ſupplice & les peines, je vais tout vous raconter.

LA CAPITATION.

Et moy je ne peut me diſpenſer de te repeter que tu eſt un plaiſant maraut de faire un ſemblable paralelle des hommes heroïques avec un ſcelerat comme toi ; quoi dans le malheureux eſtat où tu eſt, tu oſe faire une pareille comparaiſon, commence ton recit, ceſſe tes hauteurs, elles ne ſont plus de ſaiſon, le repentir & l'humiliation doivent eſtre ton unique partage.

GRUET.

Je conviens, Madame, que j'ay tort dans mon paralelle, la triſteſſe s'eſt emparée de mon cœur & me trouble à voſtre aſpect & à l'apareil de mon ſupplice.

LA CAPITATION.

Remets toy & je vais te laiſſer le loiſir de t'expliquer.

GRUET.

Ma foy Madame je ne crois pas qu'il y ait un mortel dans la France auquel la mort du feu noſtre grand Roy Louis lui ait eſté plus funeſte qu'à moy, j'y perds mon honneur & mes biens, de plus me voilà captif à un âge de 45 ans à paſſer le reſte de mes jours avec un tas de malheureux pour y languir de faim & traîner une chaîne dont le collier que je dois avoir a esté ouvragé & donné *gratis* par ces impitoyables Serruriers qui devoient se contenter de m'avoir livré à la Justice, sans venir encore m'insulter dans le sort de mes malheurs.

LA CAPITATION.

J'estime que les Serruriers n'ont pas tout à-fait le tort, tu leur a fait assez de mal pour qu'ils te fassent present d'un collier bien limé, on t'a connu trés-fougueux pour ne pas prendre des mesures certaines pour ta sûreté, mais je te trouve bien hardy d'avancer, comme tu fais, que la mort de Loüis XIV soit la cause de la perte de ton honneur & de tes biens. quand aux biens je t'ay montré lors de nostre derniere conversation que tu n'estois qu'un gueux il y a dix ans, par rapport à l'honneur en as tu jamais eû le moindre signe; tu n'a jamais fait plaisir à qui que ce soit depuis que tu est entré dans le monde & dans toutes tes actions; tu as toûjours esté dure & inhumain sans foy, & l'on peut même ajoûter sans craindre de médire, que tu n'a pas eu d'autre Loy & d'autre Religion que ton insatiable avidité; ton bon homme de pere mort depuis 2 ans qui te connoiſſoit ſi à fond, malheureuſement pour lui, & avec lequel tu eſtoit broüillé depuis nombre d'années, te fit venir pour avoir la ſatisfaction de te voir avant ſon deceds, & pour te donner quelque inſtruction ſalutaire, tu y vins preſque malgré toy & excité par un bon Eccleſiaſtique; mais quelle figure y fis-tu, ton pere te voulant exciter à n'eſtre pas ſi ardent à amaſſer des biens injuſtement, tu eus la dureté de l'appeller vieux fou & de ſortir bruſqaement de la chambre où il eſtoit malade; tous ceux qui s'y trouverent lors furent dans le dernier étonnement de ta dureté & de ton inhumanité, & ton pere malade levant les yeux au Ciel, s'adreſſant au Seigneur, ah, ce dit-il, mon Dieu, faut-il que je laiſſe au monde un fils ſi dur & ſi avide, & qui ne manquera pas un jour de ſe faire pendre par ſon inſatiable avidité de gagner des biens; ne devroit-il pas ſe contenter de ce que la fortune ſoit juſtement, ſoit injuſtement, lui a procuré; je ſçai qu'il a de quoi vivre paiſiblement & infiniment au deſſus de ſon eſtat, & tant d'exemples qu'il a vu des perſonnes naufragées par une pareille cupidité; ne devroient-ils vroient-ils pas l'exciter à se retirer tout doucement des embarras où il s'est jetté.

GRUET.

Parbleu, Madame, vous me venez conter ici bien des sornettes, & presentement que je suis jugé & engagé dans l'expiation de mon supplice, que par consequent il n'y a plus de mesures à prendre avec vous, je perds le respect & je vous dis que vous êtes une beste comme estoit mon bon homme de pere ; ne vous ai-je pas fait voir lors de nostre derniere conversation, que tout homme bien sensé dans le monde devoit suivre les maximes de ce satirique du siécle dernier, il est inutile que je vous les repete, ah si notre deffunt Roy Loüis XIV. eut encore vêcu cinq ou six années, j'aurois fait une fortune convenable à mes souhaits ; je n'ambitionnois que de me faire 30000 livres de rente, je me serois ensuite retiré avec un bon carosse pour gouster dans mes deux maisons de campagne de Picquepuce & Vitry, tous les plaisirs qu'un pareil revenu peut procurer ; mais fatale mort, mort trop precipitée, tu as fait évanoüir tous mes projets, & tu m'as livré à une accusation & à un examen trop rigoureux & trop exact, que la Chambre de Jutice établie par la sagesse de notre Regent, a fait de toutes mes actions.

LA CAPITATION.

Ne sçavois tu pas, pauvre malheureux, que l'homme propose & Dieu dispose ; ta consolation est de n'estre pas le seul, mais dis moi donc ce qui s'est passé lors de ton Jugement & de tes visites de Ville, dont je suis très curieuse.

GRUET.

Belle consolation que d'avoir des malheureux égaux à soi, j'ai toûjours assez bien conduit ma barque pour ne m'y pas exposer, & sans ces malheureux Serruriers, je ne serois pas dans la peine où je me trouve ; car nonobstant l'établissement de la Chambre de Justice, & protegé comme ils l'estoient, je prévoyois si peu que qui que ce soit, ni eux ni tous autres eussent assés d'effronterie pour me denoncer, que je vivois dans un calme convenable à un homme de probité tel que je me le figurois, quant au recit que vous me demandez, je vous l'aurois deja fait, mais vos disgressions si mal placées & ausquelles je viens de répondre, m'ont empêché de vous le faire.

LA CAPITATION

Qu'apelle-tu disgressions mal placées, je

les trouve au contraire justes & bien convenables à la catastrophe où tu te vois - je dis que tu as toûjours esté un scelerat & sans religion ; la morale pure & chrétienne qui s'y trouve enfermée, qui doit te servir de leçon & à ceux qui voudroient concevoir comme toi de mauvaises intentions ne t'accommode point; tout frais sorti malgré toi de tes malheureuses inclinations à voller le public ; cette morale te paroist étrangere, mais le tems est un grand maistre, peut-être que par la suite quelque bon Ecclesiastique aura le secret d'amolir la dureté de ton cœur & de t'engager à souffrir patiament pour ta conversion, quel miracle, mais rien n'est impossible à la divine Providence.

GRUET.

Ma foi, Madame c'est trop moraliser, & si vous prétendez continuer il ne me sera pas possible de soûtenir la gageure, contentez-vous de la prétenduë grace qu'on m'a faite de m'en donner le tems.

LA CAPITATION

Eh mon pauvre Gruet ne te fâche pas, je te répond de te laisser tout dire sans t'interrompre.

GRUET.

Nous allons voir, on a bien raison de

dire que les femmes ſont toûjours babillardes ; je vous dirai donc que le lundy sept du preſent mois, ſix Archers de la Chambre de Juſtice vinrent avec un Fiacre à la Conciergerie, l'on me tira d'un cachot clair, que j'ai toûjours eu depuis le huit Juin 1716. jour de mon empriſonnement, qui eſt au bas de la tour de Montgomery, j'ai paſſé les guichets d'un air aſſuré, quelques que j'avois fait auparavant à ces Meſſieurs, les exciterent mal à propos à me mettre les menottes aux mains, je dis mal à propos, car il n'eſt rien de plus naturel à l'homme que de ſe procurer la liberté dans quelque occaſion où il ſe trouve eſclave, & d'empêcher les railleries d'une populace folle, je ſuis donc conduit dans la Chambre de Juſtice, je n'en aurai pas les gans de dire que la Juſtice eſt mal meublée ; mais un Huiſſier en robe, ayant les cheveux gris, me dit aſſez bruſquement, aſſoyez-vous ſur cette chaiſe, qui eſtoit une eſcabelle de bois, qu'on n'a pas apparemment encore eu le temps de porter chez le Tapiſſier pour la garnir, j'ai reſté trois heures aſſis taſte nuë ; Monſieur le Preſident me fit mille interrogats qui me cauſerent autant de convulſions, d'autant plus que chaque deffense que je proposois pour tâcher de me iustifier, i'avois le déplaisir de voir & à droit & à gauche tous mes Juges qui sembloient par des mouvemens de teste faire peu de cas de mes réponses. je sortis ensuite de la Chambre, & l'on me garda à vûë dans l'antichambre pendant une heure, au bout de laquelle un Exempt de la Chambre vint fort honnêtement me dire que Messieurs avoient remis mon Jugement pour le Mercredy suivant, qui estoit le lendemain de la Notre-Dame, mais quelle fourberie faite à un homme comme moi par un de mes Confreres.

LA CAPITATION.

Et qu'entends-tu Gruet par ce mot de fourberie,

GRUET.

Comment Madame j'estois ma foi bien jugé diffinitivement ce jour là, mais uue raison politique ordinaire dans ces sortes de cds à l'égard des criminels jugez fur le fondement de la dissimulation de cet Officier.

LA CAPITATION.

Mais toi, Gruet, qui en qualité d'Huissier, & outre ce Guidon de la Compagnie de Monsieur le Lieutenant-Criminel de

Robe-Courte, a vû tant de pareilles experiences que tu as toi-même pratiqué, comment t'est-tu laissé ainsi surprendre par ton Confrere.

GRUET.

Eh le traître, il me l'a coulé si doucement, que tout autre & plus fin que moi y y auroit ma foy esté attrapé ; au surplus ce qui me le faisoit croire, c'est qu'il paroissoit à son discours y avoir assez de ressemblance.

LA CAPITATION.

N'est-il pas vrai mou pauvre Gruet que les hommes sont bien fourbes dans ce siecle où uous sommes, tu ne dois pas t'en étonner, tu en as fait toi-même iusqu'à son emprisonnement le principal personnage, ces frians morceaux pour un homme de bon appestit, comme toi tels qu'estoient ces emprisonnemens dont tu m'as fait confidence dans notre derniere conversation, & une infinité d'autres tours que tu as ioué à ces auvres artisans des Communautez, mes redevables en fournissent nue preuve bien évidente, mais continuë ton récit, ie t'écoute.

GRUET.

Par bleu Madame il me semble que vous

ne vous lassez point de me tenir en halaine sçavez-vous bien que je suis sur les dents, & que je n'ai ni bû ni mangé d'aujourd'hui.

LA CAPITATION.

Mon pauvre Gruet je ne le sçavois pas, je te plains, cela estant, finis.

GRUET.

Je vous dirai donc, Madame, en peu de mots, qu'estant reconduit dans la Conciergerie, & aprés avoir bien essuyé des huées de la populace qui me guettoit toûjours à cet effet lorsque j'allois ou revenois de la Chambre de Justice pendant l'instruction de mon procés, l'on me mit dans le même cachot clair pour m'ôter tout soupçon de mon jugement, l'on m'y donna parfaitement bien à dîner, ce qui me confirma dans la pensée que l'on m'avoit insinué que je n'estois pas encore jugé, car vous saurez Madame par paranteſe, que quand un criminel est condamné en quelques peines afflictives, c'est l'usage de le mettre aux cachots.

LA CAPITATION.

C'estoit pour mieux faire avaler la pilule.

GRUET.

N'importe, cela m'a donné quelques surcis & quelques esperances, j'ay passé le jour de la feste assez tranquilement, j'attendois le mercredy sur les 8 ou 9 heures du matin que l'on me vint chercher pour mon jugement, les Guichetiers pour m'amuser & me desennuyer me firent bien dejeuner, sur les 11 heures & demie du matin deux Guichetiers me firent sortir de ma niche, mais qu'elle fut ma surprise, je trouvai une infinité de monde en passant les guichetes, l'on me fit entrer dans un petit cabinet où je vis un homme en robbe, qui estoit un Greffier de la Chambre de Justice, assis au dessous d'un Crucifix tenant un papier à la main; je ne fus pas plustost entré qu'il me dit d'un ton melancolique, mettez vous à genoux, voici votre Arrest de condamnation que je vais vous prononcer, & penetré que vous devez être de l'atrocité de vos crimes, preparez-vous à en subir l'execution avec toute l'humiliation & le repentir que vous devez en avoir, écoutez en ces termes.

LA CAPITATION.

Tu faisois pour lors mon pauvre Gruet une triste figure.

GRUET.

Tous mes sens estoient d'autant plus glacéz

cez à chaque mot qu'on me lisoit de l'Arrest que je m'y voyois plus cruellement traité que le Normand.

LA CAPITATION.

Que veut tu dire par là? le Normand n'a-t-il pas fait amande honorable, & n'est-il pas condamné aux Galeres perpetuelles ?

GRUET

Cela est vrai, mais de par tous Diables on lui a évité trois courses de pilory par trois iours de marchez consecutifs & qui me sont d'autant plus onereuses, que i'ai affaire à une populace irritée, & qui ne ne me regarde que comme l'opprobre, l'execration & l'abomination du public ; la lecture de l'Ar e t finie, le sieur de Longueval, dont ie connois parfaitement bien les fonctions, assisté de ses valets prit possession de ma personne, ils m'eurent bien-tôt deshabillé & mis en estat de faire amande honorable la corde au col & les mains liées au cul d'une charette, cet Executeur officieux dans la crainte que ie ne me cassasse le coup dans le chemin, me mit dans la main droite une torche de cire ardente & bien illuminé, ayant l'Ecriteau devant & derriere moi, pour faire connoistre au public les cauſes legitimes de la démarche que i'allois faire ; la multiplicité d'une infinité de perſonnes qui m'attendoient dans la Cour de la Conciergerie, & que ie recontrois dans ce chemin qu'on me fit tenir ne m'étonna nullement, il n'eſt rien tel dans ſes malheurs que d'affronter le peril, i'ai eu pendant toute ma courſe la teſte levée, regerdant fixement tout le monde, & marchant auſſi effrontement que quand ie montois à cheval dans les cavalcades où m'appelloient mes Charges de Guidon & d'Inſpecteur de Police ; mes deux ſtations finies l'on me ramena à pied à la Conciergerie, c'eſt pours lors que l'on me mit à l'Infirmerie pour me menager pour les trois tours de Pilory que j'avois encore à faire les Samedys, Mercredy & Samedy en ſuivans ; l'on m'a faire trés-exactement ces trois tours, en me ramenant à chaque fois attaché au cul de la charette, ce qui n'eſt pas une petite affaire, & lors du dernier l'on a depoſé ma perſonne à la garde du Gouverneur du Chaſteau des Innocens, qui eſt à la porte de la Tournelle où je ſuis preſentement : voilà Madame le recit funeſte & au naturel de ce qui s'eſt paſſé lors de m condamnation, & depuis permettez-moi presentement, Madame de me retirer, car enverité je tombe en foiblesse par une faim qui me devore.

LA CAPITATION

Mon pauvre Gruet, je n'ay plus qu'un mot à te dire, & voilà qui est fait, pourquoi lors de ton Amende honorable, ou naturellement ton parti devoit être l'humiliation & le repentir, tu a paru, ainsi que l'on me la assuré, si hardi, & poussant ton effronterie jusqu'au point d'agasser un chacun, & d'espadonner avec ta torche à droite & à gauche sur la tete des uns & des autres.

GRUET.

Ma foi madame voilà un beau requisitoire que vous me faite, & ne me connoissez vous pas pour un homme intrepide & entreprenant ; j'avois d'ailleur bien déjeuné, au surplus est-il permis à une canaille de populace d'insulter un patient lorsqu'il execute publiquement sa condamnation, vous ne finissez jamais, adieu madame, je me retire.

LA CAPITATION.

Je ne te laisse allet, que dans l'esperance

de t'aller voir au Chateau des Innocens où tu est pour te consoler, t'exhorter à faire une bonne conversion & à bien prendre tes maux en patience, tu en auras tout le loisir, le Seigneur sans comparaison en a bien souffert d'autre pour la redemption du genre humain, & si tu te confie sur sa misericorde, tu auras lieu de meriter, & d'esperer un meilleur sort dans l'autre monde.

GRUET.

Morale hors de saison, mon ply est pris & j'en ay trop fait pour avoir de pareilles esperances, adieu madame pour jamais, laissez moy en repos, je voudrois ne vous avoir jamais connu.

LA CAPITATION.

Mon pauvre Gruet ne te desespere point [illegible] Mysteres sacrez de notre Religion, & les Histoires Saintes nous exposent des conversions qui paroissent aussi éloignées que la tienne, pendant que te voilà sorti [illegible] du monde, dépouillé que [illegible] tes biens, d'autant plus [illegible] que tu les avois acquis injustement [illegible] tant de pauvres que ta [illegible] avidité ta causé, songe que

tu as un ame à ſauver , c'eſt là la princi-
pale fin de l'homme , profite de tes malheurs , offre les au Seigneur avec contri-
tion & humiliation pour attirer ſur toy ſes
miſericordes , je n'en deſeſpere nullement
adieu donc puiſque tu me fuis.

FIN.

www.ingramcontent.com/pod-product-compliance
Lightning Source LLC
LaVergne TN
LVHW052037160826
845678LV00003B/1398

* 9 7 8 2 3 2 9 6 2 5 0 6 5 *